L44
1611

CHEVALIERS DE LA CROIX.

FÊTE DE LL. MM. II. ET RR.

16 Août 1810.

R.F.

ACQ. 42,644

HENNEQUIN

CHEVALIERS
DE LA CROIX.

FÉTE DE LL. MM. II. ET RR.

CÉLÉBRÉE LE 16 AOUT 1810,

Par une distribution de vêtemens, de vivres et d'argent, faite à des Vieillards indigens, choisis par les douze municipalités de Paris.

EXTRAIT DU PROCÈS-VERBAL.

La séance étant rendue publique, le Président, M. de Choiseul-Stainville, restant à son fauteuil, ainsi que l'un des Présidens d'honneur, M. de Laugier-Villars ;

Restant également aux places qui leur sont affectées, les vice-Présidens, MM. Watteau et de Fondeviolle ; l'Orateur, M. Langlacé ; le Secrétaire général, M. le Blond ; le Trésorier, M. Passerat ; les Hospitaliers d'office,

MM. Lepeletier d'Aunay et Lacolley ; le Maître des Cérémonies, M. Neukomm ;

Les places d'honneur étant occupées par le Président de la 1re. chambre du G∴ O∴, M Hacquet, les autres Officiers du G∴ O∴ ; les Présidens de diverses Loges de Paris, et leurs députations ;

Est introduit, comme représentant des Comités de bienfaisance de Paris, M. Luton, député par celui de la Cité.

M. Luton est conduit, par le Maître des Cérémonies, à un fauteuil placé entre ceux du Président et du Président d'honneur.

M. Le Président lui exprime les sentimens que sa présence inspire à toute l'assemblée.

Sont ensuite introduits par le Maître des Cérémonies et M. l'Hospitalier Lacolley, et placés par rang d'âge sur deux banquettes, au milieu de la salle, les vieillards :

THOMASSIN (Jean-Baptiste), 90 ans.
HUBERT 83
PATERNOTE (Jean-Baptiste). 81
RICARD 80
RIGAL (Antoine) 74
DUCHESNEAU (Jean-Charles).. 74
RAOUL (Eugène) 74

L'assemblée, qui s'était levée spontané-ment pendant l'entrée des vieillards, reprend séance.

M. le Président annonce que, pour rendre un juste et respectueux hommage à S. A. S. le Prince archichancelier, duc de Parme, chef suprême des Sociétés maçonniques de l'Empire, il avait eu l'honneur de lui sou-mettre le programme de la fête, et de lui exprimer l'espoir que les Ch∴ de la Croix osaient former de voir la présence de ce prince ajouter à une solennité si intéressante par elle-même.

Il rend compte des choses flatteuses pour la Loge, que S. A. S. a bien voulu lui dire, et fait ensuite lecture de la lettre suivante, que le Prince a daigné lui adresser.

(4)

Paris , le 15 août 1810.

Je m'empresse de remercier monsieur de Choiseul-Stainville et le Vén∴ de la Loge des Chevaliers de la Croix. La détermination prise par cette société, honore ceux qui la composent, et ne peut être que d'un très-bon exemple. Si mes occupations me le permettaient, je me rendrais volontiers à l'At∴ au jour indiqué pour la fête ; et j'exprimerais ma satisfaction aux respectables FF∴ de la Croix. Je regarderai comme un nouveau témoignage de l'obligeance et de l'attention de monsieur de Choiseul , s'il veut bien être mon interprète ; et je le prie de recevoir personnellement l'expression de mes sentimens.

L'archichancelier de l'Empire, S∴ G∴ M∴,

CAMBACÉRÈS.

L'insertion au procès-verbal d'un monument si précieux de la bienveillance du prince, est aussitôt ordonnée.

Le Secrétaire , présentant un compte succinct des opérations qui ont préparé cette fête, fait d'abord lecture du titre 16 des statuts fondamentaux de la Loge des Chevaliers de la Croix :

ART. 94. La Loge a un établissement de bienfaisance pour les FF∴ malades , voyageurs , etc.

2 *

95. Cet établissement porte le titre suivant : HOSPICE DES CHEVALIERS DE LA CROIX.

Ensuite, de l'arrêté pris dans la séance du 21 juin :

« Les Chevaliers de la Croix voulant solenniser l'époque heureuse et mémorable qui assure le bonheur du Monarque et les destinées de l'Empire ;

» Voulant s'identifier plus particulièrement encore à la double fête du moment actuel et de l'époque prochaine du 15 août ;

» Ne trouvant pas une occasion plus glorieuse de manifester les devoirs imposés par les statuts particuliers d'une association *essentiellement hospitalière ;*

» Lecture faite des articles 94 et 95 du titre 16 de ces statuts , ont résolu :

ART. Ier.

» Le 15 août prochain , jour de la fête de LL. MM. II. et RR. , douze vieillards indigens seront habillés aux frais des Chevaliers de la Croix.

II.

» Il leur sera donné un repas dans l'hospice, où ils seront servis par les Ch...

(6)

III.

» A l'issue du repas il leur sera remis une pièce d'argent par le Ch∴ Hospitalier.

IV.

» Le tronc des pauvres de la présente séance et des suivantes, jusqu'à cette époque, sera destiné à cet objet : le surplus sera payé par le Trés∴, sur les fonds des Ch∴ de la Croix.

V.

» Le Conseil d'administration choisira les douze vieillards, et n'en admettra aucun qui ne soit muni de l'attestation du maire et du curé de l'arrondissement. Trois Commissaires seront nommés pour surveiller l'exécution du présent arrêté. Ils s'adjoindront le Ch∴ Hospitalier.

VI.

» Copie du présent sera adressée, au nom des Ch∴ de la Croix, aux maires de Paris et au curé de l'arrondissement de l'hospice.

VII.

» Copies en seront également expédiées au

G∴ O∴ de France et aux LL∴ affiliées aux Ch∴ de la Croix ».

A la suite de cet arrêté, se trouvent :

1°. La nomination, faite dans la même séance, des Commissaires, MM. Ledru, de Courchant et Watteau, pour, de concert avec l'Hospitalier, M. Vallantin, diriger l'exécution des mesures ordonnées par les Chevaliers de la Croix.

2°. L'arrêté du 28 juin, par lequel le Comité d'administration a appelé à la présidence de la commission le Président d'honneur, M. Fabré.

3°. Un autre arrêté du même Comité, pour déférer à MM. les maires de Paris le choix du vieillard que chacun d'eux en jugera le plus digne dans son arrondissement ; arrêté qui a été présenté à chacun de ces magistrats et à M. le curé de Saint-Germain-l'Auxerrois, paroisse de l'arrondissement, par le vice-Président, M. Watteau.

4°. La résolution prise par les Chevaliers de la Croix, dans la séance du 9 août, pour adjoindre aux douze vieillards celui que présentait M. le curé de l'arrondissement, ainsi qu'un quatorzième recommandé par le Comité de bienfaisance de la Cité.

5°. Enfin, le résumé des soins que se sont donnés les Commissaires pour le choix et la confection de l'habit complet en drap, des bas, des souliers et du chapeau offerts à chaque vieillard, et pour leur faire disposer, par le préparateur ordinaire des banquets, un repas pareil à ceux qu'il sert aux Chevaliers de la Croix.

Le Secrétaire lit ensuite les réponses de MM. les maires, et les certificats qui y étaient joints, ainsi qu'il suit :

MAIRIE DU Ier. ARRONDISSEMENT.

Paris, le 16 juillet 1810.

Messieurs les Chevaliers de la Croix,

Je ne puis qu'applaudir à la manière dont votre Société se propose de célébrer à la fois, le 16 août prochain, et la fête patronale de S. M. l'Empereur et la mémoire de l'événement récent de son mariage.

Je ne puis que vous remercier de vouloir bien me faire concourir à l'accomplissement de votre œuvre.

La fête que vous avez votée est un hommage à la patrie, à l'humanité, à la religion, et justifie bien sur tous les points votre devise, *honneur, bienfaisance, piété.*

Je crois, messieurs, ne pouvoir mieux répondre à la flatteuse confiance que vous me témoignez, en me déférant le choix d'un des douze vieillards indigens auxquels vous réservez un si heureux partage, qu'en vous adressant le nommé *Ricard*, porteur de la présente lettre.

Cet indigent, octogénaire, outre la considération de son grand âge et de son infortune, offre des recommandations personnelles qui le rendent plus spécialement digne de vos bienfaits. La vieillesse n'est point encore pour lui un tems de repos ; occupé tous les jours des soins du jardinage, ses bras n'ont pas cessé tout-à-fait d'être sa ressource. Le dimanche, il assiste fidèlement aux offices de l'église, qui sont pour lui une consolation et un délassement. Il est, dans la classe indigente, du petit nombre de ces vieillards honnêtes et laborieux que le tems semble respecter pour les récompenser de leur bonne vie, et les proposer en exemple.

Messieurs, la lettre et la délibération que vous m'avez fait l'honneur de m'adresser, demeureront honorablement consignées dans les archives de la Mairie.

J'ai l'honneur d'être, messieurs les Chevaliers de la Croix, avec une considération distinguée pour vos personnes, et la plus parfaite estime pour votre Société,

Votre très-humble et très-obéissant serviteur,

Le maire du 1er. arrondissement,

LECORDIER.

MAIRIE DU IIᵉ. ARRONDISSEMENT.

Paris , ce 16 août 1810.

Le Maire ,

A MM. les Commissaires de la Société , dite des Chevaliers de la Croix.

Messieurs ,

Aussitôt la réception de votre lettre , par laquelle vous m'invitez à faire un nouveau choix qui remplisse plus exactement les conditions que vous avez déterminées , pour le choix des vieillards qui doivent participer à vos bienfaits , j'ai nommé le sieur Bonnodeau , qui , sans doute , vous en paraîtra digne. Je vous l'adresse avec la présente , et vous prie de l'agréer , ainsi que l'assurance de ma considération.

ROUEN, *maire.*

Le maire, vu la lettre de messieurs les commissaires de l'association établie sous la dénomination des Chevaliers de la Croix , en date du 7 de ce mois , portant que le sieur Rose n'a pu être admis , et invite à faire un nouveau choix ;

Sur le rapport qui lui a été fait de la bonne conduite et de l'état d'indigence et d'infirmités du sieur Michel Bonnodeau , commissionnaire , âgé de 71 ans , demeurant à Paris, rue des Martyrs, n°. 27 , division du Mont-Blanc ;

Après s'être assuré , tant par le certificat du bureau de bienfaisance de la division du Mont-Blanc, que par le rapport de M. Beffare , commissaire de police de la même division , que cet indigent est honnête, de bonnes mœurs , et hors d'état, par ses infirmités et son grand âge , de se livrer à aucun travail ;

Nomme le sieur Bonnodeau (Michel), pour avoir part aux actes de bienfaisance que se propose de faire la société susdite , suivant sa lettre précitée.

Fait en l'hôtel de la Mairie , ce 10 août 1810.

ROUEN , *maire.*

MAIRIE DU IIIe. ARRONDISSEMENT.

Paris , le 28 juillet 1810.

LE CHEVALIER de l'Empire , maire du troisième arrondissement , membre de la Légion d'Honneur ,

A Monsieur FABRÉ, docteur en médecine , rue de l'Arbre-Sec , n°. 35.

Monsieur,

Le nommé Antoine Rigal, âgé de 74 ans, demeurant sous les piliers des Halles, n°. 1, par moi choisi pour l'objet de la fête que MM. les Chevaliers de la Croix donnent le 15 août prochain, doit se présenter devant vous pour recevoir des instructions : il est porteur d'un certificat de M. le curé de Saint-Eustache, qui s'intéresse vivement à lui, en conséquence de l'arrêté de la société du 21 juin dernier. Je suis flatté de concourir, quoiqu'indirectement, à cette bonne œuvre.

J'ai l'honneur de vous saluer avec considération.

J.-J. ROUSSEAU.

Je soussigné prêtre, curé de la paroisse de Saint-Eustache, certifie que le sieur Rigal, âgé de 74 ans, et son épouse âgée de 76 ans, sont d'une conduite sans reproches, et que par leurs malheurs ils sont dignes d'un intérêt particulier.

A Paris, ce 27 juillet 1810.

BOSSU, *curé de Saint-Eustache.*

MAIRIE DU IVᵉ. ARRONDISSEMENT.

Paris, le 30 juillet 1810.

LE MAIRE, chevalier de la Légion d'Honneur,

A M. FABRÉ, docteur en médecine.

Monsieur,

J'ai l'honneur de vous adresser, conformément à l'arrêté pris par votre société le 21 juin dernier, et à

sa lettre du 8 courant, le nommé Jean-Baptiste Thomassin, cuisinier et ancien militaire, âgé de 90 ans,
demeurant rue Oblin, n°. 7, pour participer au bienfait que messieurs les Chevaliers de la Croix se plaisent
à répandre pour célébrer d'une manière digne d'elle
l'époque du mariage de LL. MM. II. et RR. Je me
flatte que le choix que j'ai fait répondra à leur attente.

Je vous prie, monsieur, d'être mon organe auprès
des membres de votre société, et leur exprimer com-
bien je me trouve heureux d'avoir pu trouver l'occasion de faire quelque chose qui leur soit agréable.

Agréez, je vous prie, monsieur, l'assurance des sentimens d'estime avec lesquels j'ai l'honneur d'être,

Votre très-humble et très-obéissant serviteur,

LELONG.

Nous maire du quatrième arrondissement de la ville
de Paris, département de la Seine, chevalier membre
de la Légion d'honneur, sur l'invitation à nous faite
par l'arrêté de la société des Chevaliers de la Croix, du
21 juin dernier, et par sa lettre du 8 de ce mois, de désigner pour notre arrondissement un vieillard honnête
indigent, pour participer aux bienfaits que cette société se propose de répandre, pour célébrer l'époque
vraiment heureuse du mariage de LL. MM. II. et RR.,
avons fait choix du sieur Jean-Baptiste Thomassin,
cuisinier et ancien militaire, âgé de 90 ans, demeurant
rue Oblin, n°. 7, et jouissant de l'estime publique.

En foi de quoi nous lui avons délivré le présent,

pour être remis à la société de messieurs les Chevaliers de la Croix.

Paris, ce 30 juillet 1810.

LELONG.

MAIRIE DU Ve. ARRONDISSEMENT.

Paris, le 30 juillet 1810.

LE MAIRE, membre de la Légion d'Honneur et du collége électoral du département de la Seine,

A MM. les Commissaires des Chevaliers de la Croix.

Messieurs,

En exécution de la résolution prise par messieurs les Chevaliers de la Croix, et détaillée dans leur procès-verbal en date du 21 juin dernier, dont j'ai trouvé copie jointe à la lettre que vous m'avez fait l'honneur de m'écrire le 8 du présent, j'ai l'honneur de vous présenter le nommé Jean-Charles Duchesneau, vieillard âgé de 74 ans, demeurant à Paris, rue des Marais, n°. 38.

Ce particulier est dans la plus grande indigence, et jouit de la meilleure réputation; ses mœurs et sa bonne conduite sont attestées par monsieur Favre, curé de Saint-Laurent, suivant son certificat en date de ce jour. Monsieur le curé m'a confirmé de bouche ce fait, et je ne balance pas à vous le présenter. Il sera le porteur de la présente et du certificat ci-dessus daté.

J'ai l'honneur de vous saluer, messieurs, avec la plus parfaite considération.

JEAN.

Je soussigné certifie que Jean-Charles Ducheneau, vieillard âgé de 74 ans, est dans une grande indigence, et de bonne vie et mœurs ; en foi de quoi je lui ai donné le présent certificat.

Paris, le 30 juillet 1810.

FAVRE, curé de Saint-Laurent.

Nous soussigné maire du cinquième arrondissement, certifions véritable la signature de M. Favre, curé de Saint-Laurent, ci-dessus apposée.

A Paris, ce 30 juillet 1810.

JEAN.

MAIRIE DU VIe. ARRONDISSEMENT.

Paris, le 31 juillet 1810.

Le Maire, membre de la Légion d'Honneur,

A M. Fabré, docteur en médecine.

Monsieur,

Le nommé Vaillant (Nicolas), porteur de la présente, est le vieillard dont j'ai fait choix, d'après le desir de votre société, pour participer aux bienfaits qu'elle se propose de distribuer le 16 Août.

Il est âgé de 72 ans passés, attaqué de la goutte depuis long-tems, et père de trois enfans, dont un est mort au service.

Son état d'indigence et sa bonne conduite le rendent digne de votre bienveillance.

Il demeure rue Oignard, n°. 4, division des Lombards.

J'ai l'honneur d'être, monsieur, votre très-humble serviteur,

DRIGOGNE.

MAIRIE DU VIIe. ARRONDISSEMENT.

Paris, le 28 juillet 1810.

A M. FABRÉ, docteur en médecine.

Monsieur,

J'ai l'honneur de vous présenter, en exécution de l'arrêté de messieurs les Chevaliers de la Croix, en date du 21 juin dernier, un septuagénaire indigent de mon arrondissement, pour, aux termes de l'article premier de cet arrêté, être habillé à leurs frais le 15 août prochain. Je vous prie, en l'acceptant, de faire agréer mes sincères remercîmens à ces messieurs, de cet acte de bienfaisance, dont l'indigent, nommé Cagé, dit Daubigny, porteur de cette lettre, sera reconnaissant et saura bien user.

J'ai l'honneur de vous saluer, monsieur, avec la plus haute considération.

GUYOT, *adjoint.*

Je soussigné vicaire de l'église paroissiale de Saint-Nicolas-des-Champs, certifie, en l'absence de M. le curé, que le nommé Isidore Cagé, dit Daubigny, notre paroissien, domicilié rue St.-Martin, n°. 138, maison de M. Parquin, est connu pour être honnête homme,

2

et qu'il est digne des secours que la division de la Réunion peut accorder aux indigens de ladite division.

Paris, le 30 juillet 1810.

LACHY, *premier vicaire.*

Le maire du septième arrondissement, vu le certificat ci-dessus, et d'après les renseignemens pris auprès du bureau de bienfaisance de la division de la Réunion, atteste que le certifié dénommé ci-dessus mérite, par son grand âge, sa moralité, et son indigence, de participer à l'acte de bienfaisance que messieurs les Chevaliers de la Croix se proposent d'exercer envers douze vieillards indigens, le 15 août prochain.

Paris, ce 30 juillet 1810.

GUYOT, *adjoint.*

MAIRIE DU VIIIe. ARRONDISSEMENT.

Paris, le 26 juillet 1810.

A M. FABRÉ, docteur en médecine, rue de l'Arbre-Sec, à Paris.

Monsieur,

Conformément aux vues manifestées par la lettre du 8 de ce mois, qui m'a été adressée par une société bienfaisante, dont vous êtes membre, j'ai l'honneur de vous indiquer pour vieillard de mon arrondissement , le sieur J.-B. Paternote.

Ce vieillard , agé de 81 ans , est un ancien cordonnier , qui jouit de l'estime et de la considération de ses voisins , ainsi que vous le confirme la lettre ci-jointe de son bureau de bienfaisance.

Il demeure depuis 40 ans rue Saint-Bernard , n°. 6, faubourg Saint-Antoine.

Un des membres de votre société , monsieur , a dit à mon secrétaire qu'il suffisait, pour le moment , de vous indiquer les noms et demeure du vieillard que j'avais à vous désigner.

Le sieur Paternote attendra , en conséquence , vos ordres , avant de se rendre chez vous aux jour et heure que vous voudrez bien lui faire indiquer.

Agréez , monsieur , les assurances de ma sincère et parfaite considération.

Le chevalier de l'empire maire du 8e. arrondissem.,

BÉNARD DE MOUSSIGNIÈRES,

P. S. Le sieur Paternote sera porteur du certificat de son curé ; légalisé par moi.

(*N. B.* Ce certificat ne s'est pas retrouvé).

2 *

MAIRIE DU IXᵉ. ARRONDISSEMENT.

Paris, le 1ᵉʳ. août 1810.

Le Maire,

A M. Fabré, président de la Société des Chevaliers de la Croix.

Monsieur,

J'ai l'honneur de vous adresser le nommé Prix Guérin, indigent, nommé par le comité central de bienfaisance du 9ᵉ. arrondissement, dans sa séance du 30 juillet dernier, raison qui a empêché de vous l'envoyer plus tôt; cet indigent est recommandable sous tous les rapports, et mérite les bontés de la société. Il est muni d'un certificat de son curé, et d'un autre du bureau de bienfaisance de son domicile, qui est rue Guillaume, nᵒ. 13, île Saint-Louis : ces deux certificats sont inclus.

J'ai l'honneur de vous saluer avec considération.

MOLINIER-MONTPLANQUA.

Je soussigné curé de Saint-Louis en l'île, certifie que le nommé Prix Guérin, mon paroissien, rue Guillaume, nᵒ. 13, homme âgé et laborieux, est un très-honnête homme, considéré dans son état par sa bonne conduite, et qu'il est digne de l'intérêt que lui témoignent ses concitoyens.

A Paris, ce 31 juillet 1810.

COROLLER, *curé de Saint-Louis en l'île.*

Vu à la neuvième mairie de Paris, pour légalisation de la signature Coroller, curé de Saint-Louis en l'île, faite ci-dessus.

A Paris, ce 31 juillet 1810.

Denise, adjoint-maire.

MAIRIE DU Xe. ARRONDISSEMENT.

Paris, le 29 juillet 1810.

Monsieur,

J'ai l'honneur de vous adresser le nommé Hubert, âgé de 83 ans : c'est un brave homme; je ne pouvais faire choix d'un vieillard qui fût plus digne, par son âge et sa conduite, de vous être proposé pour participer à vos bienfaits.

J'ai l'honneur de vous saluer avec considération.

Le maire du dixième arrondissement de Paris,

Piault.

En l'absence de M. le curé de Saint-Sulpice, j'ai l'honneur de certifier à monsieur le maire du dixième arrondissement, que le sieur Hubert, notre paroissien, rue du Petit-Vaugirard, n°. 19, mérite, d'après les bons témoignages qui nous en ont été rendus, l'intérêt et les secours de sa municipalité.

Fait à Paris, ce 29 juillet 1810.

Abeil, prêtre et vicaire de Saint-Sulpice.

MAIRIE DU XIe. ARRONDISSEMENT.

Paris, ce 30 juillet 1810.

Monsieur ,

J'ai l'honneur de vous adresser , ainsi que vous et messieurs vos collègues m'y avez invité, par la lettre que vous m'avez fait celui de m'écrire le 8 de ce mois , le nommé Jean-François Billion , ouvrier maçon , âgé de 70 ans, qui m'a paru digne du bienfait auquel votre société se propose de le faire participer.

Je suis très-flatté, monsieur, que vous m'ayez appelé à y contribuer en quelque sorte , et je vous prie de recevoir , pour vous et votre société , l'assurance de la haute estime avec laquelle j'ai , monsieur , l'honneur de vous saluer.

Le maire du onzième arrondissement ,

Camet.

Je soussigné premier vicaire de la paroisse métropolitaine de Paris, certifie que Jean-François Billion , maçon , demeurant quai des Orfèvres, paroisse Notre-Dame, fait profession de la foi et religion catholique, apostolique et romaine; qu'il est de bonnes vie et mœurs, et que, par son assiduité au travail et sa probité , il est digne de l'estime et de la protection des personnes qui aiment la vertu.

A Paris , le 30 juillet 1810.

Leriche , premier vicaire de Notre-Dame.

Nous maire du onzième arrondissement de Paris , président du comité central de bienfaisance, certifions que le nommé Jean-François Billion, maçon, demeurant quai des Orfèvres, n°. 38 , en cet arrondissement, né le 17 juin 1740, est indigent, assisté de son bureau de bienfaisance , et qu'il est de bonnes vie et mœurs.

En foi de quoi nous lui avons délivré le présent certificat, en mairie , à Paris , le 30 juillet 1810.

CAMET.

MAIRIE DU XIIᵉ. ARRONDISSEMENT.

Paris , le 26 juillet 1810.

LE MAIRE ,

A MM. les Commissaires de la Société des Chevaliers de la Croix.

Messieurs ,

En applaudissant aux vues bienfaisantes qui ont dirigé la délibération que vous m'avez transmise le 8 du présent, je me suis empressé d'y concourir , en vous désignant un vieillard respectable , dont la conduite et les mœurs sont irréprochables. Vous trouverez ci-jointe la nomination que je viens de faire de ce vieillard.

Recevez, messieurs, l'assurance de ma parfaite considération.

POULIN , *adjoint.*

Le maire du douzième arrondissement de Paris ,

Vu la lettre qui lui a été adressée par MM. les commissaires de la Société des Chevaliers de la Croix , qui , pour solenniser l'époque mémorable qui assure le bonheur du Monarque et les destinées de l'Empire, et l'identifier plus particulièrement à la double fête du moment actuel; et de l'époque prochaine du 15 août, jour de la fête de LL. MM. II. et RR. , invite le maire à faire choix d'un vieillard indigent qui lui paraîtra mériter , dans la municipalité , de participer aux bienfaits de ces Chevaliers ;

Vu la résolution que cette Société a prise à ce sujet , le 21 juin dernier , portant que douze vieillards indigens seront, ledit jour 15 août , habillés aux frais de cette Société; qu'il leur sera donné un repas où ils seront servis par les Chevaliers, et qu'à l'issue du repas , il leur sera remis une pièce d'argent par le Chevalier Hospitalier ;

Desirant entrer dans les vues bienfaisantes de cette Société , par le choix d'une personne digne , par ses mœurs et sa conduite régulières, de mériter ces bienfaits,

Nomme le sieur *Antoine-Marie Cariat* , ancien ouvrier en bas , âgé de soixante-deux ans, demeurant rue Saint-Victor, enclos du cardinal Lemoine, comme devant participer aux bienfaits que la Société des Chevaliers de la Croix accorde aux vieillards indigens.

Copie du présent sera adressée à la Société des Chevaliers de la Croix.

Fait à la Mairie, le 26 juillet 1810.

Poulin , *adjoint.*

M. le curé de Saint-Germain-l'Auxerrois, paroisse de l'arrondissement, se trouvant indisposé au moment où le vieillard qu'il présentait venait lui demander la réponse qu'il avait promise de faire aux Commissaires, ne put lui remettre que le certificat suivant, délivré par la municipalité :

Nous maire du quatrième arrondissement de la ville de Paris, département de la Seine,

Certifions parfaitement connaître le sieur *Eugène Raoul*, âgé de soixante-quatorze ans, ancien marchand de rouge, demeurant à Paris, rue Bertin-Poirée, n°. 4, pour être de bonne vie et mœurs, et en état, par sa conduite, de profiter du bienfait que MM. les Chevaliers de la Croix se proposent de distribuer pour célébrer l'époque du mariage de LL. MM. II. et RR.

En foi de quoi nous lui avons délivré le présent.

Fait à Paris, en la Mairie, ce 2 août 1810.

LELONG.

BUREAU DE BIENFAISANCE.

DIVISION DE LA CITÉ.

A MM. composant la Loge des Chevaliers de la Croix.

Messieurs,

Les membres du bureau de bienfaisance de la Cité sont infiniment sensibles à la prédilection particulière que votre société a bien voulu leur conférer, pour la désignation d'un vieillard que vous ajoutez de plus à la collection intéressante que vous avez recueillie dans les douze municipalités ; ils vous prient d'en recevoir la plus vive comme la plus sincère reconnaissance. Veuillez donc bien, messieurs, justifier leur choix en acceptant le nommé Claude-François Brisset, ancien horloger, âgé de 74 ans, demeurant rue Saint-Cristophe, nº. 7. Ses mœurs, sa probité et ses besoins nous sont bien connus.

Cette mission, messieurs, nous a été d'autant plus agréable, qu'elle nous a procuré l'avantage de correspondre avec vous, et la douce satisfaction de vous être utiles dans l'exécution d'un acte de bienfaisance dont, avec le plus grand plaisir, nous vous voyons servir de modèle.

Nous sommes avec la confraternité la plus intime,

Messieurs,

Vos affectionnés serviteurs,

DERENNEFORT. BOREL. LUTON.
GIRARD. BERTHELEMY. D. LAHURE, *secrétaire.*

Après cette lecture, M. de Choiseul-Stainville, Président, adresse aux vieillards le discours suivant :

« RESPECTABLES VIEILLARDS ,

» L'institution des Chevaliers de la Croix, institution sainte et noblement utile, a pour but de secourir l'humanité souffrante et la piété fidèle. Mais le respect, dû en général au malheur, doit être mérité par ceux à qui il est offert, et les secours de la générosité ne doivent être accordés qu'avec discernement. C'est pourquoi la Loge des Chevaliers de la Croix, voulant honorer douze vieillards, n'a voulu admettre que ceux qui lui seraient envoyés par la réunion des autorités civiles et religieuses. Vous paraissez parmi nous avec ce double avantage ; vous nous rappelez ces vieillards choisis par le sauveur du monde, pour donner en eux l'exemple sublime de l'humilité chrétienne. Comme eux, vous allez recevoir les soins que nous devons à nos semblables ; vous recevrez les tributs de l'antique hospitalité, des vêtemens, un repas et des secours. Puisse ce jour être une époque pour vous et vos familles ! Pouvions-nous mieux célébrer la fête et le mariage du monarque qui nous gouverne, et de sa jeune et illustre épouse, qu'en faisant bénir leurs noms par le malheur même ? Les bénédictions des personnes malheureuses ont ce caractère indépendant et auguste qui leur communique quelque chose de divin. Les prières des vieillards, leurs vœux, ont quelque chose de prophétique qui les rend plus pressantes et plus précieuses. Placés au bord de l'éternité, leurs voix sont plus près du ciel, et leurs demandes plus solemnelles. Priez pour vos souverains, mes vénérables frères ; bénissez dans vos cœurs l'époque de cette alliance qui fait l'espérance du monde : priez pour nous, pour la prospérité des Chevaliers de la Croix, de cette Croix dont la cîme est dans le ciel, vers laquelle vous marchez dans le pélérinage de la vie, et dont nos institutions nous ordonnent d'aider, de protéger, de secourir les voyageurs pauvres et malheureux.

» Venez donc, mes vénérables frères, dans notre hospice, et que, vous servant et veillant sur vous, les Chevaliers de la Croix remplissent ces doux et saints devoirs ».

L'Orateur, M. Langlacé, prend la parole en ces termes :

« MESSIEURS,

» Lorsqu'un souverain chéri de ses sujets, déposant l'appareil militaire, descend de son char de victoire pour se ranger sous les drapeaux de l'amour; lorsqu'une princesse qui sait, par les graces et les vertus, embellir encore l'éclat de sa naissance, vient aux pieds des autels prendre l'engagement d'assurer le bonheur de son époux et du pays qu'il gouverne, les peuples qui ont applaudi aux triomphes du héros, s'empressent d'applaudir à son choix. Tout prend autour d'eux l'aspect riant du bonheur. Alors les idées grandes et généreuses germent dans tous les esprits, et la joie des cœurs se manifeste de mille manières différentes. Mais ces élans de l'allégresse publique prennent toujours quelque chose des idées que l'on sait être les plus chères aux souverains dont on célèbre le bonheur.

Aussi les idées de bienfaisance se sont mul-
tipliées lors du mariage de Napoléon et de
Marie Louise, en proportion des bienfaits
qu'ils se plaisent eux-mêmes à répandre
chaque jour sur leurs peuples. Parmi les
projets que cette union fortunée a fait
naître, on peut citer, avec honneur sans
doute, celui qui a été conçu par M. le
Président des Chevaliers de la Croix, et
que cette société s'est empressée d'adopter
avec enthousiasme.

» En effet, messieurs, il était digne des
Chevaliers de la Croix de répandre sur
une classe infortunée quelques émanations
du bonheur que cet hymen faisait naître ;
et les plus malheureux furent sans doute
ceux qui méritèrent le plus notre attention.
Mais ce n'était point assez pour nous d'avoir
décidé le bienfait, il fallait encore nous
assurer qu'il serait versé dans des mains
dignes de le recevoir. Si le malheur est
toujours respectable, celui qu'accompagnent
les vertus est réellement le seul qui puisse
inspirer à la charité un véritable et touchant
intérêt. Quel moyen plus sûr pouvions nous
adopter pour nous assurer que nos secours

seraient bien placés , que de confier à MM.
les Maires et Curés de Paris , ainsi qu'aux
membres des bureaux de bienfaisance , le
soin de nous désigner les vieillards que leurs
vertus rendaient plus dignes du bien que nous
voulions leur faire ! MM. les Maires , véri-
tables Magistrats du peuple, toujours ani-
més d'un zèle pur pour le bien public, pro-
tecteurs nés de l'indigence , savent réunir
dans leurs importantes fonctions , et la charité qui se plaît à secourir le malheur, et
la prudente sévérité qui sait discerner les
causes que l'on produit. MM. les Curés , mi-
nistres sacrés d'un Dieu mort pour le salut
de l'humanité , nous offrent à chaque instant
des exemples de ces vertus évangéliques
dont leurs actions prêchent l'accomplissement plus sûrement encore que leurs discours. Tous se sont empressés de seconder
nos intentions , et leur bonté paternelle a
soulevé devant nous le voile dont l'indigence
cachait des vertus estimables.

» C'est à la sagesse éclairée de ces Magistrats et de ces Pasteurs , que vous devez,
respectables vieillards , l'avantage d'être
admis dans cette enceinte. Venez recevoir

ici un soulagement à des maux que vous n'avez pas mérités. Hélas! vous le savez, toutes les classes de la société sont exposées aux revers de la fortune. Tel que vous voyez aujourd'hui briller dans des palais que le luxe a construits à grands frais, demain, peut-être, dépouillé de toute sa grandeur, gémira sous le poids de l'infortune. Si le besoin fait souffrir la classe indigente, le chagrin se glisse souvent sous les lambris dorés, et les maladies de tristesse et de langueur sont plus souvent le partage des gens riches que des pauvres. Les grandes dignités sont entourées de grands dangers, et quand un grand tombe dans l'infortune, il est plus malheureux que celui qui, depuis l'enfance, a contracté pour ainsi dire l'habitude du malheur. Ce qui peut mieux servir à sa consolation, c'est le souvenir du bien qu'il a pu faire. Oui, messieurs, le sentiment de son innocence, la pureté d'une conscience irréprochable, voilà le soutient qui n'abandonne jamais le malheureux au milieu de ses peines. Celui dont la vie a été remplie de bonnes actions, doit supporter avec courage les infirmités de la vieillesse,

et les privations de la pauvreté ; une ré-
compense infinie est réservée à ses vertus.
Pour vous, vieillards infortunés, vous dont
les bonnes qualités ont fixé les regards de
vos Magistrats, jouissez en paix du suffrage
honorable que vous avez reçu ; puisse-t-il
être toujours une consolation à vos maux :
et si nous avons eu le bonheur de vous être
de quelqu'utilité , en recevant ces vêtemens
simples , mais utiles , en goûtant le repas
frugal, mais sain, où vous allez être admis,
reconnaissez que l'institution des Chevaliers
de la Croix a bien aussi son utilité. Vous
entendrez peut-être dans le monde la ca-
lomnie répandre contre nous son venin
dangereux ; montrez-lui pour toute réponse
les bienfaits que vous aurez reçus de nous.
Voilà les seules armes que les Chevaliers de
la Croix veulent employer pour repousser
les attaques de l'envie.

» Et quelle égide plus puissante pour-
rions-nous lui opposer, que le tableau de
cette touchante cérémonie ? En voyant ce
temple ouvert à la vieillesse malheureuse
et respectable ; en voyant nos Chevaliers
s'empresser de partager avec elle le fruit de

leurs travaux, accueillir l'infortune avec tout l'intérêt qu'elle inspire aux bons cœurs, l'admettre à leur table, et l'y servir avec tout le zèle d'une charité ardente et éclairée, ne semble-t-il pas voir se rouvrir, à la voix d'un autre Saint – Bernard, ces asiles sacrés, ces pieux hospices que de braves Chevaliers consacrèrent jadis dans l'Orient, au soutien de l'humanité souffrante ? Oui, messieurs, vous donnez aujourd'hui un grand exemple à la patrie ; continuez d'imiter ces illustres Chevaliers dans le bien qu'ils ont fait aux pauvres, dans les services qu'ils ont rendus à l'Etat, et montrez-vous dignes, par vos vertus et votre bienfaisance, de la protection d'un prince qui accueille avec bonté tous les établissemens utiles. Si ses soins prévoyans vous laissent peu de chose à faire, vous aurez du moins secondé, autant qu'il est en vous, ses vues bienfaisantes et paternelles.

» Et vous, respectables vieillards, n'oubliez jamais l'époque fortunée que nous avons voulu consacrer par un bienfait de plus. Le seul témoignage de reconnaissance que les Chevaliers de la Croix exigent de vous , c'est de ne cesser de faire des vœux pour le bonheur du prince qui nous gouverne , et de tout ce qui lui est cher. »

Le doyen des vieillards demande et obtient la parole pour exprimer, de la manière la plus touchante, la reconnaissance de ses respectables compagnons , et garantir en leur nom la sincérité de leurs vœux pour le bonheur de leurs augustes souverains , et ceux que la piété et la sensibilité leur inspirent pour leurs bienfaiteurs.

L'Hospitalier , M. Lepeletier d'Aunay , présente alors à toute l'assemblée le tronc de bienfaisance , et pendant la circulation , le Président, M. de Choiseul-Stainville, charge le Maître de Cérémonies et l'autre Hospitalier de conduire les vieillards à leur table, dans la salle dite de l'hospice.

Tous les assistans se rendent, à la suite du Président, dans cette salle, où est dressée la table, autour de laquelle il se rangent debout et en cercle , les vieillards étant assis et couverts.

Le Président , les deux vice-Présidens , M. Lacolley, se placent également debout près de la table , où quatre intervalles leur avaient été réservés. M. Lacolley, remplissant les fonctions d'Aumônier, fait la bénédiction du repas, et le Président en commence la distribution, dans laquelle il est aidé, au nom des Chevaliers de la Croix, par les trois autres Officiers, ainsi que par M. Pissot, Hospitalier des Commandeurs du Mont-Thabor.

Pendant ce service, le Maître des Cérémonies, M. Neukomm, exécute, en s'accompagnant sur le piano, la cantate suivante, dont il a composé la musique sur les paroles de M. le Blond, Secrétaire général.

Sur tes destins, ô France, ô ma patrie,
    Vois la Gloire et l'Amour
    Répandre un nouveau jour;
  Et l'antique Maçonnerie
    Célébrer à son tour
    Napoléon, Marie.

    Objets du pur encens
    Qui brûle dans nos fêtes,
    Que ces Augustes Têtes
    Ne craignent pas des ans
    Les efforts impuissans!
    Le Temps perdra pour Elles
    L'usage de ses ailes.

Ah ! lorsque ces vieillards
Offrent à nos regards
Les triomphes de l'âge,
Leur cercle respecté,
De l'immortalité
Nous retrace l'image.

A chaque strophe, les acclamations de
VIVAT expriment les vœux de toute l'assemblée pour ses augustes souverains , et à la
dernière, le Président fait lever les vieillards,
qui se découvrent pour porter la santé de
LL. MM. II. et RR.

Le Président , au nom de la Loge, secondé
par les vice-Présidens et les Hospitaliers et
tous les assistans qui s'y joignent, ajoute à
cette santé le vœu de voir réaliser , pour le
bonheur et le repos du monde , les espé-
rances que la voix publique proclame.

Cette santé portée avec la solennité la
plus religieuse , les vœux des vieillards ,
l'appareil auguste de cette fête pieuse , tout
présente le caractère le plus auguste , et
appelle les plus longs souvenirs.

Les vieillards s'étant rassis , le Maître des
Cérémonies chante l'hymne à la bienfai-

sance, de M. Rossel, également mise en musique par lui :

> AIMABLE reine de nos cœurs,
> Fille du Ciel, ô Bienfaisance,
> Répands ici-bas tes faveurs,
> Viens embellir notre existence.

> Viens, cher objet de notre amour,
> Sécher les pleurs de l'indigence :
> Viens ranimer par ton retour,
> La faible et timide espérance.

> Echauffe, embrase les humains
> De ta céleste et douce flamme ;
> Pour le malheur ouvre leurs mains,
> Verse la pitié dans leur ame.

> Ah ! répands sur l'infortuné
> Tous les trésors de ta largesse,
> Viens au secours de l'affligé,
> Soutiens, console la vieillesse.

Le Secrétaire général, faisant le tour de la table, remet à chaque vieillard un exemplaire de l'arrêté du 21 juin, et des morceaux exécutés pendant leur repas.

L'Hospitalier avait eu l'attention de placer sous la serviette de chaque vieillard la dernière offrande qui leur était destinée.

(39)

Le Président invite l'assemblée à laisser les vieillards terminer leur repas en liberté ; les deux Hospitaliers, MM. Lacolley et Pissot, voulant bien se charger de rester jusqu'à la fin pour assurer le service, et pour distribuer aux vieillards ce qu'ils n'auraient pas consommé ; et il annonce, au nom des Chevaliers de la Croix, que procès-verbal de tout sera dressé, imprimé et adressé à S. A. S. le prince archichancelier, au G∴O∴ de France, à toutes les Loges affiliées et à tous ceux qui ont bien voulu concourir à la fête, soit par leur présence, soit par les témoignages de leur sensibilité.

Le Président des Chevaliers de la Croix,

DE CHOISEUL-STAINVILLE.

Par Mandement des Chevaliers de la Croix,

Le Secrétaire général,

LE BLOND.

DE L'IMPRIMERIE DE J.-B. POULET,

RUE DU CIMETIÈRE-SAINT-ANDRÉ-DES-ARTS.

BIBLIOTHEQUE NATIONALE DE FRANCE

3 7531 04147761 4

www.ingramcontent.com/pod-product-compliance
Lightning Source LLC
Chambersburg PA
CBHW061329060726
47596CB00003B/1156